Kurt Heimbucher

Weil wir die Stille brauchen

Brunnen Verlag Gießen/Basel

Herrn Dr. med. Ernst Spengler
in herzlicher Freundschaft
und dankbarer Verbundenheit

CIP-Titelaufnahme der Deutschen Bibliothek

Heimbucher, Kurt:
Weil wir die Stille brauchen / Kurt Heimbucher. – 2. Aufl. –
Giessen; Basel: Brunnen-Verl., 1989
(ABC-Team; 565: Geschenkband)
ISBN 3-7655-2565-0
NE: GT

2. Auflage 1989

© 1988 Brunnen Verlag Gießen
Herstellung: Druck- und Pressehaus Brühl, Gießen

Inhalt

Die lärmende Welt

Es ist laut geworden in unserer Welt. Wir müssen uns schon auf die Suche begeben, wenn wir Oasen der Stille mitten in der Wüste des Lärms finden wollen. Wüsten des Lärms – klingt das nicht wie ein Widerspruch? Ist nicht gerade die Wüste ein Ort der gefährlichen Einsamkeit? Leben nicht viele von uns vereinsamt in Beton- und Asphaltwüsten? Oasen sind Stätten der Stärkung und Erquickung. Die Wüste aber ist ein Ort der Erschöpfung, der Verzweiflung, des Todes. Gibt es in unserer Welt nicht unendlich viele erschöpfte und müde Menschen? Laufen nicht unendlich viele Menschen umher, die sich fürchten, die verzweifeln? Wird in dieser Wüste nicht unendlich viel gelitten und gestorben? Ja, es ist wahr – unsere Welt ist eine lärmende Welt geworden. Wir kommen kaum mehr zur Ruhe. Der Lärm verbraucht uns. Ständig umgibt uns ein Stimmengewirr. Die lauten Töne schädigen unsere Ohren. Wir können nicht mehr recht hören. Wichtige und wertvolle Worte und Botschaften rauschen an uns vorüber. Unsere Ohren müssen zu viel verkraften. So haben wir weithin auf »Durchzug« geschaltet. Wir sind hörmüde, vielleicht sogar schwerhörig geworden. Wir stehen in der Gefahr, taub zu werden. Wir leben nicht mehr in einer dörflich-idyllischen Welt. Ob wir wollen oder nicht, wir können hinter das technische Zeitalter, in dem wir leben müssen, nicht mehr zurück.

Autos und Motorräder brausen Tag und Nacht über unsere Straßen. Die Züge, die auf den Schienen dahinrasen und -rattern, zerstören die Ruhe der Nacht. Vom Himmel her kommt der Lärm der Flugzeuge. Menschen in Fabrikhallen sind ständig von einer Geräuschkulisse umgeben. Und in den Feierabendstunden tönen Musik oder menschliche Stimmen laut oder leise aus den Lautsprechern von Rundfunk und Fernsehen. Auch wenn wir die Tageszeitung aufschlagen, dringt ein Gewirr von »Stimmen« auf uns ein, das wir verkraften müssen. Reporter berichten, informieren, kommentieren...

Viele Menschen suchen den Lärm. Sie halten die Stille nicht aus. Sie entfliehen dem Nachdenken über das eigene Leben. Man könnte in der Stille Entdeckungen machen, die einen schmerzlich treffen oder wenigstens unangenehm berühren. Man könnte in der Stille eine Stimme hören, die einen zutiefst beunruhigt.
Eine lärmende Vergnügungsindustrie überschwemmt fast das ganze Jahr hindurch unser Land, damit der Mensch Abwechslung, Vergnügen und Zerstreuung finden soll. Viele Zeitgenossen machen von den Angeboten dieser organisierten Freizeitgestaltung dankbar Gebrauch: Da sind Volks- und Sportfeste, Reise- und sonstige Freizeitangebote.

Aber sind die Folgen des Lärms nicht katastrophal? Lärm zerstreut – wir können uns nur noch schwer konzentrieren.
Lärm macht nervös – wir können nicht mehr gelassen unseren Weg gehen.
Lärm weckt Aggressionen – wir können nicht mehr in Ruhe Menschen begegnen und Aufgaben anpacken.

Lärm stumpft ab – wir können nicht mehr recht nachdenken und schöpferisch tätig sein.

Lärm übertönt die Stimme des Gewissens – wehe, wenn es sich dann, etwa in Krankheitszeiten, zu Wort meldet!

Lärm verdrängt das wesentliche Wort – das Wort von dem, der sagt:»Ich bin das Leben.«

Wir können uns dem Lärm oft nicht entziehen, denn wir leben mitten in dieser lauten Welt. Aber trotzdem steht es uns frei, ob wir den Lärm suchen oder ob wir immer wieder den Versuch unternehmen, ihm zu entfliehen. Wir haben die Wahl, ob wir in bestimmten Zeiten unseres Lebens Orte des Lärms suchen oder aber Oasen der Stille.

Die Stille ernährt,
der Lärm verbraucht.
Reinhold Schneider

Zeig uns dein königliches Walten,
bring Angst und Zweifel selbst zur Ruh.
Du wirst allein ganz recht behalten:
Herr, mach uns still, und rede du!
Otto Riethmüller

Der geforderte Mensch

Wer fordert uns eigentlich? Wir sagen heute nicht nur, daß wir gefordert sind, wir haben oft sogar den Eindruck, daß wir *über*fordert sind. Man kann das nur mit Erschrecken beobachten. Aber wer überfordert uns denn?

Auf diese Frage können verschiedene Antworten gegeben werden.

Da ist die eine Antwort: Das *Leben* fordert und überfordert uns. Wir sind so vielen Schicksalsschlägen und bösen Überraschungen ausgesetzt, die wir nicht verkraften können.

Die andere Antwort lautet: Die *Aufgaben,* die uns gestellt sind, fordern und überfordern uns. Wir fühlen uns ihnen oft nicht mehr gewachsen. Es wird zu viel.

Und die dritte Antwort: *Menschen* fordern und überfordern uns. Wir sollen immer für sie da sein.

Eine vierte Antwort könnte lauten: *Gott* fordert und überfordert uns.

Diese letzte Antwort stimmt allerdings nicht. An erster Stelle steht bei Gott nie seine Forderung, sondern immer seine Gabe. Gott beschenkt uns, ehe er uns fordert. Und niemals überfordert er uns. Nie verlangt er mehr von uns, als er uns zuvor an Gaben geschenkt und anvertraut hat. Gott geht barmherzig mit uns um. Er will nicht, daß wir ständig über unsere Grenzen leben. Wir Menschen sind eben nicht unbegrenzt. So hat uns Gott geschaffen. Er will unser Leben nicht zerstören, indem er ständig Forderungen an uns stellt, die uns schließlich überfordern. Gott will, daß wir fröhlich leben. Darum gibt er uns seine Gaben, so daß wir unsere Aufgaben erfüllen können.

Wenn ich von dem geforderten Menschen spreche, dann denke ich freilich daran, daß es unter uns viele gibt, die Freude am aktiven Leben haben. Menschen wollen gefordert sein. Sie stürzen sich in Aufgaben und überfordern sich leicht selbst, indem sie sich falsch einschätzen. Auf der anderen Seite darf aber auch nicht verschwiegen werden, daß andere Menschen oft große Erwartungen an uns stellen. Dabei geht es zunächst gar nicht um materielle Güter. Menschen erwarten von uns, daß wir ihnen unsere Zeit schenken, daß wir ihnen unsere Kraft, unser Wissen, unsere Erkenntnis, unsere Liebe geben. Menschen erwarten von uns, daß wir ihnen Trost und Ermunterung zusprechen. Menschen mit Problemen, im Leiden, in der Krankheit, in der Verzagtheit, in der Verzweiflung, in der Gebundenheit fordern uns. Menschen erwarten, daß wir für sie da sind.

Und neben den Menschen warten berufliche, gesellschaftliche und ehrenamtliche Aufgaben in allen möglichen Bereichen auf uns. Wie sollen wir da noch zur Ruhe und zur Stille kommen?

Gerade die aktiven Menschen stehen in der Gefahr, daß sie sich verausgaben, ihre Kräfte verbrauchen und schließlich wie ausgebrannt im Leben stehen. Dann streiken Seele und Nerven, schließlich auch der Leib, und es kommt zu dem erschütternden Ausruf:»Ich bin völlig am Ende!« Manche Herzstörungen und Herzinfarkte, manche Magengeschwüre und Nervenzusammenbrüche sind Folgeerscheinungen der Überaktivität.

Hatte man sich früher gern für Menschen eingesetzt und Aufgaben angepackt, so scheint jetzt alle Freude erstorben. Statt dessen treibt ein drückendes Pflichtgefühl einen dazu,

mit letzten Kräften auszuhalten. Wie leergepumpt endet man schließlich selber in einer geistigen und geistlichen Verarmung. Hermann Bezzel hat gesagt:»Nur in der Stille rüstet sich der Mensch, daß er empfange, habe und gebe.« Damit ist uns ein entscheidender Weg gewiesen. Wer nicht mehr zur schöpferischen Stille findet, der wird eines Tages am Ende sein. Man kann nicht nur ständig Forderungen erfüllen und Erwartungen anderer befriedigen. Wenn wir geben sollen, müssen wir empfangen haben. Sonst gleichen wir eines Tages einem Auto, dem der Treibstoff ausgegangen ist. Das Auto läuft noch eine Zeitlang bergab. Aber dann bleibt es stehen und fährt keinen Meter mehr weiter. Die Aktiven unter uns sollten ihre Kräfte nicht überschätzen. Sonst kann es eines Tages in ihrem Leben zu einer schweren Krise, vielleicht sogar zu einer Katastrophe kommen. Wir müssen uns Zeit nehmen zum Empfangen, damit wir im rechten Augenblick geben können.

Die Unruhe des Herzens kann nur durch die Stille zu Gott überwältigt werden.
Hermann Bezzel

Du durchdringest alles; laß dein schönstes Lichte,
Herr, berühren mein Gesichte.
Wie die zarten Blumen willig sich entfalten
und der Sonne stille halten:
Laß mich so, still und froh, deine Strahlen fassen
und dich wirken lassen.
Gerhard Tersteegen

Der vereinsamte Mensch
– oder Die mißverstandene
Stille

Ja, man kann die Stille gründlich mißverstehen. Der Rückzug in die Stille kann gefährlich werden, wenn die Zeit und der Raum der Stille nicht recht genützt und gefüllt werden. Es gibt eine fruchtbare Einsamkeit. Es gibt aber auch eine furchtbare Einsamkeit. Ich meine die Vereinsamung des Menschen.

Vereinsamung, das heißt: Der Mensch zieht sich zurück. Er zieht sich von den Menschen zurück und bleibt mit sich selbst allein. Er will und er kann nur noch sich selber hören. Er begegnet nur noch sich selbst.

Solche Vereinsamung kann mitten in einer Familie geschehen. Man lebt mit dem Lebensgefährten und den Kindern zusammen und hat sich doch längst zurückgezogen. Ehelose Menschen, seelisch angeschlagene, kontaktschwache Menschen sind noch stärker gefährdet.

Die Vereinsamung droht besonders dem älterwerdenden Menschen. Lebensenttäuschungen aller Art prägen oft das Älterwerden. Die Verbitterung über Menschen und Gott greift nach dem Herzen. Man hatte sich das Leben eigentlich ganz anders vorgestellt. Man zieht Bilanz. Was bleibt unter dem Strich übrig?

Und dann sterben Menschen hinweg, mit denen man unterwegs gewesen ist. Man findet nicht mehr den Kontakt zu neuen Freundschaften und Begegnungen. Man sitzt vielleicht allein in einem Altersheim in seiner kleinen

Stube. Kein Wunder, daß dabei ein alter, vielleicht noch kranker Mensch vereinsamt.
Solche Menschen haben viel Ruhe um sich. Aber dies ist eine gefährliche Ruhe. Es ist immer gefährlich, mit sich selber allein zu sein. In der Vereinsamung kommen Mächte und damit Versuchungen auf uns zu, die uns nur allzu leicht überfallen können und überwinden wollen.
Es kommt dann zur Schwermut, aus der wir nicht mehr herausfinden. Wir gehen unzufrieden durch das Leben und können die vielen Dinge nicht mehr sehen, die wir haben dürfen. Wir klagen Gott und die Menschen an und nennen Schicksal, was wir doch unserem eigenen schuldhaften Verhalten zuzuschreiben haben.
Wir geraten in verzweifelte Lebenssituationen, aus denen wir kaum einen Ausweg mehr sehen. Und wieviele vereinsamte Menschen sehen nur noch den Tod vor sich. Manche werfen das Leben weg wie eine wertlose Ware.

Keiner von uns ist vor der Gefahr der Vereinsamung sicher. Darum müssen wir aufpassen, daß wir dieser Gefahr nicht erliegen. Wir dürfen uns nicht von dunklen Mächten in die Isolation treiben lassen.
Romano Guardini hat einmal den Satz gesagt:»Immer sollte in uns die Stille sein, die nach der Ewigkeit hin offensteht und horcht.«
Wenn dieses Fenster nach der Ewigkeit hin nicht mehr geöffnet ist, dann kommt der Mensch leicht in Gefängnis-Situationen. Er fühlt sich eines Tages wie eingesperrt. Im Kerker mit sich allein sein, das ist tiefste Vereinsamung. Aber es hat mit der rechten Stille nichts zu tun.
Andererseits: Man kann buchstäblich in einem Gefängnis sitzen und doch die schöpferische Stille um sich haben. Der Apostel Paulus ist dafür das größte und beste Beispiel. Weil

das Fenster nach oben geöffnet ist, weil er nicht allein mit sich ist, obwohl er im Gefängnis sitzt, darum kann er zur Freude aufrufen: »Freuet euch in dem Herrn allewege, und abermals sage ich: Freuet euch!« (Phil. 4,4). Er weiß, wer bei ihm ist.

Bete, daß deine Einsamkeit der Stachel werde,
etwas zu finden, wofür du leben kannst,
groß genug, um dafür zu sterben.
Dag Hammarskjöld

Einsamkeit und Schweigen

Zur Stille gehören die Einsamkeit und das Schweigen. Schweigen ist nicht Passivität, sondern höchste Aktivität. Denn schweigen heißt hören. Schweigen heißt denken. Zur Stille gehört die fruchtbare Einsamkeit. Das aber, so wurde schon angedeutet, ist etwas anderes als die furchtbare Einsamkeit, die wir Vereinsamung nennen. In die Einsamkeit der Stille gehe ich nicht als Resignierender, als Enttäuschter, als Verbitterter, als einer, der mit Gott und der Welt fertig ist. In die Einsamkeit der Stille gehe ich als ein Erwartender, als einer, der beschenkt werden möchte, als einer, der die Begegnung sucht, als einer, der sich neu rüsten möchte für die Aufgaben des Tages.

– Man muß einmal die Menschen verlassen, um ihnen wieder in der rechten Weise begegnen zu können.
– Man muß auch einmal die Aufgaben loslassen, um ihnen wieder in der rechten Weise gerecht werden zu können.
– Man muß dem Lärm entfliehen, um für ihn wieder gewappnet zu sein.
– Man muß die Einsamkeit der Stille suchen, um der Manipulation durch viele Stimmen zu entgehen und sie zu entlarven.
– Man muß sich je und dann zurückziehen, um nicht die rechten Maßstäbe zu verlieren. Immer neu müssen wir unterscheiden lernen, was wesentlich und was unwesentlich ist.
Wer auf einem eindeutigen Lebenskurs bleiben will, der braucht Stunden, Tage der Besinnung. Je lärmender die Welt, je verworrener die Stimmen, desto dringender brauchen wir die Einsamkeit der Stille.

Wenn wir unter Menschen sind, reden wir oft so viel – wir müssen es vielleicht, und wir wollen es auch. Unsere Worte sind oft so nichtssagend – Worte ohne Inhalt! »Wir bringen unsere Jahre zu wie ein Geschwätz«, erkennt der Beter im 90. Psalm. Tatsächlich ist unser Reden weithin zum Geschwätz geworden!

Das Schweigen in der Einsamkeit der Stille erneuert auch unsere Sprache. Im Schweigen lernen wir, vorsichtig mit dem Wort umzugehen. Wie muß es uns erschrecken, wenn wir im Neuen Testament hören, daß wir Rechenschaft ablegen müssen von einem jeglichen unnützen Wort, das aus unserem Munde geht (Matth. 12,36). Wie viele unnütze Worte haben wir gesprochen! Wir brauchen wieder eine gereinigte Sprache. Wir brauchen das geheiligte Wort. Wir müssen wieder lernen, recht zu reden. Das alles kann und will uns im Schweigen der Stille neu gezeigt und gelehrt werden.

Ringet danach, daß ihr stille seid!
Paulus

Meine Seel ist in der Stille,
tröstet sich des Höchsten Kraft,
dessen Rat und heilger Wille
mir bald Rat und Hilfe schafft,
der kann mehr als alle Götter,
ist mein Hort, mein Heil, mein Retter,
daß kein Fall mich stürzen kann,
trät er noch so heftig an.
Paul Gerhardt

Stille als Begegnung

Man kann in der Stille mancherlei Begegnungen haben. Ich kann z.B. in die Stille gehen mit einem helfenden, wegweisenden, mutmachenden *Buch.* Gute Bücher sind Partner, die mir neue Erkenntnisse schenken. Es gibt auch Bücher, die zerstören und zerstreuen – sie gehören nicht in die Stille. Wie großartig ist es, wenn wir etwa durch ein Buch einem Menschen begegnen. Wie können *Lebensbilder* prägen! Freilich: Oft haben Autoren das Leben bedeutender Männer und Frauen in einer unrechten Weise idealisiert. Wenn in einem Lebensbild nicht auch die Schattenseiten eines menschlichen Lebens zum Vorschein kommen, dann sind sie unwahr und bieten keine echte Hilfe. Ich will nicht einem idealisierten Menschen begegnen, sondern einer Gestalt, die fehlerhaft ist wie ich – und von der ich doch unendlich viel lernen kann.

Oder wie kann ein Buch, das *Fragen des Glaubens* abhandelt – nicht in seichter, oberflächlicher Weise, sondern biblisch gesättigt –, mir zu einer großen Hilfe werden, indem es den Glauben vertieft und meine geistliche Erkenntnis weitet. Eine gute *Reisebeschreibung* kann mich mitnehmen in ein fremdes Land, in einen fernen Kontinent. Ich lerne Sitten und Gebräuche, Gedanken und religiöse Überzeugungen anderer Menschen kennen, von denen ich bisher nur eine vage Ahnung hatte.

Ich liebe besonders Bücher der *Geschichte,* sei es vergangene Geschichte oder Zeitgeschichte. Was waren eigentlich

die treibenden Kräfte der Geschichte? Was waren das für
Menschen, mit denen Gott Geschichte gemacht hat?
Welche geistigen Mächte haben die Geschichte bewegt? Es
ist ungemein lehrreich, wenn ich mich mit solchen Fragen
auseinandersetze. Das weckt Einsichten und Verständnis
für Erscheinungen und Entwicklungen heute. Geschichte
ist doch nicht tote Vergangenheit, sondern sie ist wie ein
lebendiger Strom, der aus dem Gestern durch das Heute in
das Morgen fließt.
Ich kann in der Stille auch einem *Kunstwerk* begegnen. In
einer nahegelegenen Kirche schaue ich mir die Fresken, die
Altarmalereien oder -schnitzereien an. Ich vertiefe mich in
die dargestellten Motive. Ich lasse meine Gedanken sich
erfüllen und anregen von den künstlerischen Werken. Die
schweigende Begegnung mit einem solchen Kunstwerk
kann mein inneres Leben unendlich bereichern.
Oder ich nehme einen Bildband mit Malereien mit in die
Stille. Ich sehe nicht bloß, ich schaue – und das ist mehr –
die Meisterwerke eines Grünewald oder Dürer, eines
Rembrandt oder wer es sonst sein mag.

Stille als Begegnung – ich denke dabei auch an die Begegnung mit der *Schöpfung*. Gerade der Großstadtmensch, der
inmitten von Beton und Asphalt lebt – umgeben von
elektrischen Maschinen im Haus und Autos auf der Straße –,
hat oft kaum mehr eine Ahnung von der Größe, der Vielfalt
und der Schönheit der Schöpfung.
Was ist das für ein Erleben, wenn ich an einem sonnigen
Abend am Ufer eines Sees stehe oder wenn ich einen weiten
Rundblick im Gebirge genieße! Was ist das für ein Erleben,
wenn sich in einer klaren Nacht die Welt der Sterne über mir
wölbt! Was ist das für ein Erleben, wenn ich den vielstimmi-
gen Chor der Vögel um mich höre! Was ist das für ein
Erleben, wenn ich die kleinsten und unscheinbarsten

Wiesenblumen aus der Nähe staunend betrachte! Ob wir
das überhaupt noch können, daß wir staunend durch die
Werkstatt des Schöpfers – nämlich seine Schöpfung –
gehen?

Wer andächtig und aufmerksam die Schöpfung betrachtet,
der muß doch immer wieder auf die Frage stoßen: Wer hat
das alles gemacht?

In einer Zeit, in der die Schöpfung geschändet und oft
zerstört wird, ist es nötig, daß wir einen neuen Blick für das
Leben um uns her bekommen – für das Leben der Tiere, der
Bäume, der Blumen, der Früchte in Feld und Wald.

Stille als Begegnung. Es geht letztlich in der Stille um die
Begegnung mit Gott. Dann ist die Stille wirklich erfüllte
Zeit, wenn wir Gott selber begegnen. Es geht dabei nicht
um die Begegnung mit einer Gottesidee. Es geht nicht
darum, daß wir uns in der Stille mit der Transzendenz
beschäftigen. Es geht um die Begegnung mit dem lebendigen Gott, der Himmel und Erde gemacht hat, der die
Völker ins Dasein ruft und der auch uns das Leben gegeben
hat. Ihm verdanken wir alles, was wir haben.

Es ist der Gott, der uns am Leben erhält bis zu dieser
Stunde. Es ist der Gott, der uns durch Jesus Christus erlöst
hat von Sünde, Tod und Teufel. Es ist der Gott, der Gemeinschaft mit uns haben will, weil wir doch aus seinen Händen
hervorgegangen sind.

Es ist der Gott, der uns um Jesu willen neu als seine Kinder
annimmt. Es ist der Gott, der Sehnsucht hat nach jedem
von uns. Sonst hätte er Jesus Christus nicht um unsertwillen
in die Welt gesandt. Sonst hätte er ihn nicht für uns den
schrecklichen Tod am Kreuz leiden lassen. Sonst hätte er ihn
nicht am Ostermorgen von den Toten auferweckt.

Die Seele nährt sich von dem, an dem sie sich freut.
Augustinus

Mache mich einfältig, innig, abgeschieden,
sanft und still in deinem Frieden;
mach mich reines Herzens, daß ich deine Klarheit
schauen mag in Geist und Wahrheit.
Laß mein Herz überwärts wie ein Adler schweben
und in dir nur leben.
Gerhard Tersteegen

Von Jesus lernen

Für einen Christen ist Jesus Vorbild und Herr. Das bedeutet: Jesus Christus ist der Eine, den wir als Autorität akzeptieren. Er sagt das entscheidende Wort, dem wir gehorchen wollen, denn er ist unser Herr. Andererseits sollen wir ihm nacheifern. Sein Leben hat für uns Maßstäbe gesetzt. Wir wissen natürlich, daß wir auf dieser Erde nicht so werden können, wie Jesus ist. Aber wir möchten so ähnlich werden, wie er ist. Das heißt: Jesus ist unser Vorbild, auch wenn wir immer wieder schmerzlich erfahren müssen, daß wir versagen.

Greifen wir in diesem Zusammenhang einen Gedanken heraus: Jesus ist uns Vorbild – auch im Blick auf die Stille. Achten wir einmal auf den Rhythmus seines Lebens. Jesus war ein geforderter Mann. Überall warteten Menschen auf ihn. Und er suchte selbst immer wieder die Begegnung mit den Menschen. Er war ja von Gott gesandt, um den Menschen in ihren leiblichen, geistigen und seelischen Nöten zu helfen. Und doch, wenn wir die Berichte im Neuen Testament lesen, erfahren wir immer wieder: Jesus zog sich von Zeit zu Zeit in die Stille zurück. Er konnte nicht ständig unter den Menschen sein, er brauchte immer neu die besondere Begegnung mit dem Vater in der Stille. Wir lesen etwa, daß Jesus dazu allein auf einen Berg gegangen ist oder allein eine »wüste Stätte« aufgesucht hat.

Auch Jesus brauchte immer neu die Begegnung mit Gott. Das Alleinsein mit dem Vater war für ihn wichtig. Er suchte regelmäßig das Gespräch mit Gott, denn er brauchte ständig die Weisung für seinen Weg und Kraft für die Aufgaben, die er im Namen Gottes vollbringen sollte. Jesus hatte Vollmacht wie kein anderer. Er konnte reden wie kein anderer. Er konnte handeln wie kein anderer. Sicher können wir das erklären, indem wir sagen, er ist eben Gottes Sohn gewesen. Aber wir dürfen nie vergessen, daß Jesus zu seinen Erdenzeiten wahrer Mensch und wahrer Gott war. Wir dürfen das wahre Menschsein Jesu nicht übersehen. Weil Jesus ganz Mensch war, darum wurde er auch müde und traurig, hungrig und durstig. Darum konnte Jesus sich freuen wie wir und weinen wie wir. Darum empfand er Schmerzen wie wir und war versucht wie wir. Jesus brauchte unendlich viel Kraft. In der Begegnung mit Gott hat er sich immer wieder die Kraft schenken lassen für seinen Auftrag. Nicht um sich dienen zu lassen, ist er in diese Welt gekommen, sondern um zu dienen und sein Leben als Opfer für alle Menschen zu geben.

Ich kann mich mit Jesus nicht messen. Täte ich das, dann wäre ich vermessen. Er stand und steht in einem einzigartigen Verhältnis zu Gott. Er hatte eine einzigartige Sendung. Aber ich kann von Jesus lernen. Ich darf in seine Schule gehen. Ich darf seinem Vorbild nacheifern, immer wissend, daß ich ihm gegenüber auf dieser Erde ein Stümper bleiben werde. Wenn Jesus die Stille brauchte – wieviel mehr dann ich! Und sollte es bei anderen Menschen anders sein? Wir müssen den rechten Rhythmus finden von Stille und Tun. Graf Zinzendorf machte das in einem Vers deutlich, in dem es »um das Tun und Ruh'n im gleichen Grade« geht.

Wir wollen das von Jesus lernen:
– Er sucht und braucht die Stille.
– Er sucht in der Stille die Gegenwart Gottes.
– Er hört in der Stille auf seinen Vater und empfängt neue
Kraft und Vollmacht für die Aufgaben, die ihm gestellt sind.

*Jesus sagt: Lernt von mir, so werdet ihr Ruhe finden
für eure Seelen.*
Matthäus 11,28

*Allgenugsam Wesen, das ich hab erlesen
mir zum höchsten Gut.*
*Du vergnügst alleine völlig, innig, reine
Seele, Geist und Mut.*
Wer dich hat, ist still und satt;
wer dir kann im Geist anhangen,
darf nichts mehr verlangen.
Gerhard Tersteegen

Geschenke der Stille

Es wurde schon angedeutet, daß in der Stille Begegnungen mannigfaltiger Art möglich sind. Stille bedeutet nicht Langeweile und damit vertane Zeit. Stille heißt nicht Alleinsein mit sich selbst.
Was ereignet sich denn bei diesen Begegnungen in der Stille?

Wir lernen wieder *hören*. Das Ohr wird gereinigt und gekräftigt, um seine eigentliche Aufgabe wahrnehmen zu können. Wir sind doch hörgeschädigte Leute. Oft können wir nur noch vordergründig hören. Wir hören und vergessen. Das Trommelfeuer der Worte hat unser Ohr abgestumpft. Wir hören gar nicht mehr hin. Wir sind mißtrauisch geworden gegen Worte, vor allem gegen große Worte, die sich so oft als Phrasen und Parolen entpuppen.
Recht hören heißt, mit dem Herzen hören. Die Stimme, die uns begegnet, wird nicht nur mit den Ohren vernommen. Das Wort fällt ins Herz und wird dort »bewegt«.
Entscheidend ist es, daß wir in der Stille wieder frei werden für das Wort, das Gott uns sagen will. Es ist das Wort, das uns hält und trägt, das uns korrigiert und tröstet, das uns aufrichtet und ermahnt, das uns den Weg weist und uns zum Gehorsam ruft.
In einem alten Kirchenlied heißt es:
»Dein Wort bewegt des Herzens Grund,
dein Wort macht Leib und Seel gesund…«

Das Wort, das Gott uns sagt, will einen heilenden Dienst an uns tun. Wir nervösen, gehetzten, gestörten, angeschlagenen Menschen haben das bitter nötig. Ich gehe darum in die Stille mit der Bitte:»Öffne mir, Herr, das Ohr, daß ich höre, wie ein Jünger hört« (Jes. 50,4).

Das *Hören* mit dem Herzen wird zum *Gespräch* des Herzens mit dem lebendigen Gott. Das Wort will Antwort. Der Hörende wird zum Betenden. Wer recht hört, hat Gott viel zu danken. Wer recht hört, wird Gott auch um vieles bitten. Immer neu wird der Hörende staunend anbeten und lobpreisen. Im Hören und Beten vollzieht sich eine innige Lebensgemeinschaft mit dem lebendigen Gott. Der Mensch findet zum wesentlichen Gespräch. Er findet in der Stille zur eigentlichen Bestimmung des Wortes zurück. Hat Gott uns nicht die Sprache geschenkt, damit wir beten können? Soll nicht *vor* allem Gespräch mit dem Menschen das Gespräch mit Gott stehen? In der Stille werden wir frei zum Gespräch mit ihm. So kehren wir als Hörende und Betende ein im Vaterhaus Gottes.

In der Gemeinschaft mit Gott sind wir stets die *Empfangenden*. Wir öffnen uns für die Segnungen, die Gott uns anvertrauen will. Wir halten unsere leeren Hände hin, damit Gott sie überreich füllen kann.
In der Stille empfangen wir die Liebe und die Geduld, um mit den Menschen recht umgehen zu können, mit denen wir zusammen leben – vielleicht zusammen leben müssen.
In der Stille empfangen wir Kraft für die Aufgaben, die uns gestellt sind. Wir verbrauchen unendlich viel Kraft. Leben wir nur aus dem Eigenen, dann werden wir eines Tages auch unsere letzten Kraftreserven verbraucht haben. Aus der Stille eines Kerkers heraus hat der Apostel Paulus das Wort

geschrieben: »Ich vermag alles durch den, der mir die Kraft gibt, nämlich Christus« (Phil. 4,13). Alles – das ist für Paulus nicht eine leichtfertige Floskel, sondern es ist die Erfahrung eines harten und leidgeprüften Lebens.

Wir kommen in der Stille zum *Nachdenken*. Auch das ist bitter nötig. In der Hektik des Alltags stolpern wir vor uns hin. Wir haben so vieles zu verarbeiten, daß wir kaum zum Nachdenken kommen.

Wenn wir nicht immer wieder unsere Standorte und Standpunkte überprüfen, kommen wir sehr schnell auf Abwege. Wir werden dann unter der Hand manipuliert. Darum müssen wir uns immer wieder darüber klar werden, ob unser Verhältnis zu Gott in Ordnung ist.

Wir müssen nachdenken
– über das, was wir getan und über das, was wir nicht getan haben,
– warum wir dies so und nicht anders gemacht haben,
– über Gott und sein Wort,
– über uns selbst und über die Menschen, mit denen wir zu tun haben.

Wir werden in der Stille *Entdeckungen* machen. Nicht nur unsere Ohren sind hörgeschädigt durch den Lärm der Welt. Auch unsere Augen sind trübe geworden. Wie viele Bilder stürmen Tag für Tag auf uns ein! Was sollen unsere Augen und Sinne nicht alles verarbeiten! Was wird unserer Phantasie zugemutet!

In der Stille werden unsere Augen wieder hell. Wir entdecken die Schönheiten des Kleinen, des Unscheinbaren, des scheinbar Nebensächlichen. Wir entdecken Nuancen und Akzente, die wir in der Hektik des Alltags gar nicht mehr zu sehen vermögen.

Solches Entdecken, in vielerlei Bereichen, reißt uns aus der Eintönigkeit heraus und führt uns in die große Vielfalt des Lebens hinein.

Und schließlich: Wir finden in der Stille *Entspannung.* Gleichen wir nicht oft einem ständig angespannten Bogen? Wie lange können wir das aushalten? Kein Wunder, wenn wir eines Tages unter den Spannungen zerbrechen. Wir brauchen Entspannung. Leib und Seele wollen zur Ruhe kommen. Entspannung – das heißt: Ich bin einmal nicht von Terminen gejagt. Ich muß nicht ständig nach der Uhr blicken. Ich lege den Kalender einmal auf die Seite. Ich kann mich einmal ausschlafen. Ich darf einmal fünf gerade sein lassen. Das sind Geschenke der Stille, die ein Leben unendlich reich machen können.

Sei stille vor dem Herrn und warte auf ihn!
Psalm 37,7

Im sichern Schatten deiner Flügel
find ich die ungestörte Ruh.
Der feste Grund hat dieses Siegel:
»Wer dein ist, Herr, den kennest du.«
Laß Erd und Himmel untergehn,
dies Wort der Wahrheit bleibet stehn.
Johann Gottfried Herrmann

Verordnete Stille

Es ist bitter, wenn uns Stille verordnet werden muß. Wer kann uns Stille verordnen? Gott holt uns aus dem brausenden Leben heraus. Er nimmt uns den Terminkalender, der oft bis zum Rande gefüllt ist, aus der Hand. Er ruft uns in die Stille.

Manchmal geschieht das in einem Augenblick, da wir meinen, sie am wenigsten brauchen zu können. Wir stehen mitten in der Arbeit. Wir kommen uns unentbehrlich vor. Wir haben gerade eine wichtige Aufgabe angepackt, die wir nicht einfach liegenlassen können. Doch dann bricht jäh eine Krankheit über uns herein. Vielleicht überfällt uns ein Herzinfarkt, oder ein Nervenzusammenbruch reißt uns aus dem Alltagsgeschehen, ein Unfall bringt uns für längere Zeit in ein Krankenzimmer.
Wir müssen die Stille dann akzeptieren, ob wir wollen oder nicht. Das Steuer ist uns aus der Hand genommen. Wir müssen unseren bisherigen Lebenskreis und Aufgabenbereich verlassen.
Verordnete Stille! Eine »Zwangspause« wird in unserem Leben eingelegt. Wir werden gar nicht gefragt. Es wird über uns verfügt.
Ob wir diese verordnete Stille annehmen? Wie reagieren wir? Lehnen wir uns auf? Rebellieren wir dagegen? Quälen wir uns mit einem unlösbaren »Warum«?
Oder bauen wir eine Geräuschkulisse um uns auf und

entziehen uns dadurch wieder der Stille, die doch einen Sinn für unser Leben hat?

Ich habe es bei Krankenhausaufenthalten immer wieder erlebt, wie Menschen sich Fernseher ins Krankenzimmer stellen ließen, wie sie Radioapparate mitbrachten und sich mit den banalen Geschichten der Illustrierten oder mit billigen Romanen fütterten. Auf solchen Wegen kann Gott mit uns nicht weiterkommen. Wir werden dann nichts daraus lernen, weil wir nicht bereit sind, die Stille anzunehmen. Dabei will unser Herr uns in solchen Zeiten in einen Lern- und Reifeprozeß hineinnehmen. Er will, daß wir ihm begegnen und daß wir wieder zu uns selber finden. Oft sind Menschen ständig auf der Flucht vor Gott und vor sich selbst – durch Arbeit und Ablenkung.

In der verordneten Stille will Gott uns aus der Verflachung und Oberflächlichkeit herausholen. Er will unserem Leben eine weite Perspektive und einen geistig-geistlichen Tiefgang schenken. So kann die Zeit der Stille zur Zeit der Reifung werden. Darum geht es in unserem Leben: Wir sollen reifen und wachsen.

In der göttlichen Schule muß man aufpassen, hinhören, lernen, üben. Dazu braucht man Zeit. Ob wir das begreifen können, daß Gott es auch in der verordneten Stille gut mit uns meint?

Ich darf mir ein persönliches Wort erlauben: Gott hat mir in den letzten Jahren meines Lebens viel stille Zeit verordnet. Vieles in meinem Leben wäre mir wohl verborgen geblieben, wenn ich diese Zeiten nicht erlebt, freilich auch oft erlitten hätte.

Gott will nicht, daß wir uns zu Tode rennen. Darum gibt er Stoppzeichen. Er setzt Haltepunkte. So wollen wir die verordnete Stille dankbar annehmen als eine Zeit, in der Gott uns neu begegnen will.

*Es liegt im Stillesein eine wunderbare Macht der Klärung,
der Reinigung, der Sammlung auf das Wesentliche.*
    Dietrich Bonhoeffer

*Ewigkeit, in die Zeit leuchte hell herein,
daß uns werde klein das Kleine
und das Große groß erscheine,
selge Ewigkeit.*
        Marie Schmalenbach

Störungen der Stille

Die Stille ist keine abgeschirmte Ruhezone. Es kann dort stürmisch zugehen. Das hat damit zu tun, daß der Feind Gottes, der zugleich auch immer der Feind des Menschen ist, uns nicht zur Ruhe und zu einer echten Begegnung mit Gott kommen lassen will. Nie ist der Teufel geschäftiger, als wenn wir uns anschicken, in die Stille zu gehen. Da versucht er sich Gehör zu verschaffen und sich zwischen Gott und uns zu schieben.

Die Stille kann deshalb auch zu einer Zeit ernster Versuchung werden. Wenn wir nicht aufpassen, ereignen sich in der Stille Dinge, die uns nicht reifen lassen, sondern die uns innerlich zurückwerfen.

So können wir in der Stille fixiert werden auf andere Menschen. Wir haben Enttäuschungen erlebt. Menschen haben uns innerlich verletzt und verwundet. Sie haben uns – so meinen wir jedenfalls – ungerecht behandelt. Sie haben uns übersehen und zurückgesetzt. Sie haben mit andern böse über uns gesprochen.

Die Enttäuschungen mit Menschen können sehr vielfältig sein. Nun kommt der Teufel und erinnert uns in der Stille an diese trüben und schmerzlichen Erfahrungen. In uns steigt der Haß gegen Menschen auf. Wir hegen bittere und schlimme Gedanken gegen sie. Was wir erlebten, wird uns nun mit grellen Farben vor Augen gemalt. Negative Kleinigkeiten werden riesig groß aufgebauscht.

Die tatsächlichen bösen Erfahrungen vermischen sich dann zusätzlich noch mit eingebildeten Erfahrungen. Negative Gedanken drücken uns nieder und tun ihr zerstörerisches Werk: Statt in der Stille zu reifen und auf Gott zu hören, lassen wir uns von der Stimme des Teufels betören. Statt zu loben und zu danken, fangen wir an zu klagen und anzuklagen.

Zu den Versuchungen kommen die Anfechtungen im Blick auf unseren Glauben. Wir denken über vieles nach und entdecken dabei wohl auch die rätselhaften und geheimnisvollen Stunden unseres Lebens. Geheimnisse sind Geschehnisse an uns und mit uns, die wir nicht lösen und nicht begreifen können. Wir sind nicht in der Lage, alle Lebensführungen und Lebenserfahrungen zu verstehen. Wenn wir über die Geheimnisse unseres Lebens nachdenken, kann schnell ein echter Kampf um unseren Glauben daraus werden. Wir sind nicht bereit, uns unter die gewaltige Hand Gottes zu beugen. Unser Vertrauen zu Gott wird plötzlich auf eine harte Probe gestellt. Wir stellen Fragen an Gott und wollen, daß er sie uns beantwortet. Der Zweifel greift nach unserem Herzen: „Sollte Gott wirklich gesagt haben?" Gilt das Wort Gottes auch mir? Kann ich mich tatsächlich darauf verlassen? Wir müssen diese Störungen der Stille ernst nehmen. Aber wir dürfen, wenn wir in die Stille gehen, unseren Herrn bitten:»Herr gehe Du mit. Begegne Du mir. Umgib mich mit Deiner Macht und mit Deinem Schutz.«

Immer sollte in uns die Stille sein,
die nach der Ewigkeit
hin offensteht und lauscht.
Romano Guardini

Rede, Herr, so will ich hören,
und dein Wille werd erfüllt;
nichts laß meine Andacht stören,
wenn der Brunn des Lebens quillt;
speise mich mit Himmelsbrot,
tröste mich in aller Not.
Benjamin Schmolck

Ordnungen der Stille

Es ist gut, wenn wir uns für die Stille eine bestimmte Ordnung geben. Ordnungen sind keine harten Gesetze, denen wir uns unterwerfen müßten. Ordnungen sind Hilfen zum Leben. Wir müssen aber aufpassen, daß wir aus Ordnungen nicht Gesetze machen. Was ich für mein Leben als richtig entdeckt habe, kann ich noch lange nicht anderen zur Norm setzen. Da, wo es um die Stille geht, muß jeder von uns seinen eigenen Weg finden. Nur eins sollte uns allen klar sein: daß es ohne die Stille nicht geht.

Wenn ich von Ordnungen der Stille spreche, dann denke ich zuerst an bestimmte *Zeiten* – etwa im Ablauf eines Tages oder im Ablauf eines Jahres.
Es ist gut, wenn wir uns am Morgen eines Tages eine Zeit der Stille freihalten. Wir gehen dann aus der Stille in den Lärm des Tages. Freilich darf aus der morgendlichen Stille kein Gesetz gemacht werden. Manche Mutter, die ihre Kinder zu versorgen hat, kann frühmorgens nicht zur Stille kommen. Mancher, der in aller Frühe zur Arbeit gehen oder fahren muß, wird wenig Raum zur Stille in den Morgenstunden finden. Die Stille Zeit kann auch zu einer anderen Stunde im Ablauf eines Tages eingeplant werden. Wichtig ist nur, daß wir überhaupt einmal am Tage wirklich zur Stille kommen.

Wie lange soll die Zeit der Stille dauern? Auch das kann nicht gesetzlich vorgeschrieben werden. Alte Menschen, die keinem Beruf mehr nachgehen oder keine kleinen Kinder mehr zu versorgen haben, werden sicher mehr Zeit zur Stille finden als Menschen auf der Höhe des Lebens, die eingespannt sind in ihre vielfältigen Aufgaben.

Und wie ist es mit Zeiten der Stille im Ablauf eines Jahres? Wie verbringen wir unseren Urlaub? Rasen wir mit dem Auto oder dem Flugzeug durch die halbe Welt, oder suchen wir Stätten auf, an denen wir wirklich zur Ruhe kommen können? Ich weiß, wir sind heute informations- und bildungshungrig. Wir wollen vieles sehen und die weite Welt erleben. Aber könnten wir unseren Urlaub nicht teilen? Wir könnten dann die eine Hälfte zum Erleben der weiten Welt nutzen und in der anderen Hälfte Einkehr in die Stille halten.

Außer den Zeiten der Stille spielt auch der *Ort* der Stille eine Rolle. Habe ich in meiner Wohnung einen ruhigen Platz? Jesus spricht in der Bergpredigt vom »Kämmerlein«. Das war zur Zeit Jesu die kleine Vorratskammer im Hause. »Da gehe hinein«, sagt der Herr, »und bete zu deinem Vater im Verborgenen...« (Matth. 6,6). Wo ist ein stiller Raum in unserem Haus? Vielleicht die Küche, wenn alle anderen aus dem Hause gegangen sind? Oder das Arbeitszimmer, in dem ich allein sein kann? Eine Hilfe besonderer Art bieten auch die sogenannten »Häuser der Stille«, in die wir uns je und dann zurückziehen können. Es ist erstaunlich, wie viele Menschen – gerade auch solche, die im alltäglichen Leben besonders stark gefordert sind – immer wieder solche Häuser der Stille aufsuchen. Alles ist dort auf die Stille hin ausgerichtet. Es gibt Zeiten des Schweigens und bestimmte Zeiten des

Gebetes, um durch diesen festen Rahmen in die Stille einzuüben. Vielleicht kann hin und wieder auch die nahegelegene Kirche ein Ort der Stille für uns sein. Wir setzen uns in eine stille Ecke und haben Zeit für die ungestörte Begegnung mit Gott. Schade, daß so viele evangelische Gotteshäuser zugesperrt sind. Dabei könnten sie Oasen der Stille in einer lauten, lärmenden Umwelt sein.

Und was nehme ich mit in die Stille? Welche *Hilfen* gibt es, um die Stille recht zu gestalten und zu füllen? Was mich betrifft, so nehme ich auf jeden Fall die Bibel mit. In der Stille kann ich vielleicht einmal ein biblisches Buch im Zusammenhang lesen. Dabei ist es mir zum Verständnis eine Hilfe, wenn ich eine gute Auslegung zur Hand habe. In der täglichen Stille kann mir eine Anleitung zum Bibellesen (z.B. „Termine mit Gott") helfen, das biblische Wort besser zu verstehen und zu verarbeiten. Eine weitere Möglichkeit: Ich kann das Bibelwort, das für diesen Tag im Losungsbüchlein steht, oder einen Bibelvers, der mir in der Bibellese besonders nahekommt, auswendig lernen. So gewinne ich einen großen Schatz biblischer Worte, die mir in notvollen und leiderfüllten Zeiten entscheidend helfen können. Ich möchte jedem Mut machen, solche Ordnungen der Stille in seinem persönlichen Leben einzuüben.

Durch Stillesein und Hoffen würdet ihr stark sein.
Jesaja 30,15

Wenn sich die Stille nun tief um uns breitet,
so laß uns hören jenen vollen Klang
der Welt, die unsichtbar sich um uns weitet,
all deiner Kinder hohen Lobgesang.
            Dietrich Bonhoeffer

Der Kampf um die Stille

Wer mitten im Leben steht, wer sich auf der Höhe des Lebens befindet, der lebt gefährlich. Die Aktiven unter uns haben einen übervollen Terminkalender. Im geschäftlichen und im beruflichen Leben sind wir gefordert. Wir arbeiten in der Gemeinde mit. Wir tragen Verantwortung in der Jugendarbeit. Wir sind Mitglied im Elternbeirat. Wir können uns aus diesem Verein oder jener gesellschaftlichen Verpflichtung kaum lösen. Wir sind in vielen Bereichen unentbehrlich – so meinen wir wenigstens. Manche haben ihre Terminkalender schon auf Jahre hinaus gefüllt. Mitarbeiter in der Gemeinde Jesu sind davon nicht ausgenommen – ganz im Gegenteil. Wir kennen die Einwände und haben vielleicht selbst schon gesagt: »Ich habe beim besten Willen keine Zeit für die Stille.« Oder: »Ich sehe ja ein, daß das nötig wäre, aber es geht beim besten Willen nicht.«
Wie einleuchtend klingen diese Ausreden. Aber gilt nicht auch hier der Satz: Wofür ich Zeit haben will, dafür habe ich auch Zeit!
Stille will erkämpft werden. Sie fällt gerade den aktiven Leuten nicht in den Schoß. Wer aber diesen Kampf nicht kämpft, wird ihn nie gewinnen.

Ich denke noch an etwas anderes. Weil wir durch unsere Tage jagen, darum sind wir oft so müde, gehetzte Leute. Viele von uns gehen über längere Zeit hinweg an einer

gewissen Grenze entlang. Wie lange kann das gutgehen? Die äußere und die innere Müdigkeit lassen uns nicht mehr zur schöpferischen Stille kommen. Wer nie ausreichend Schlaf hat, darf sich nicht wundern, wenn er in der Stillen Zeit vor Müdigkeit einschläft. Wer immer nur mit Menschen umgeht, darf sich nicht wundern, wenn ihn eine innere Müdigkeit überfällt, die ihn nicht mehr fähig sein läßt zur Begegnung mit Gott. Auf dem Weg durch die lärmende Wüste erreichen wir die Oasen nicht mehr. Wir sinken vor Müdigkeit zu Boden und laufen Gefahr, daß wir eines Tages in der Wüste verdursten.

Der Kampf um die Stille wird oft hart und schwer, weil wir »Abschaltschwierigkeiten« haben. Wir suchen die Stille, aber der Lärm verfolgt uns. Der Alltag läßt uns nicht los. Die Probleme und Nöte gehen mit und beunruhigen uns. Abschalten können ist in der Tat eine hohe Kunst. Wir sind beschäftigt mit tausend Dingen. Und doch – wer nicht abschalten kann, wird nicht zur Ruhe kommen. Wer aber nicht zur Ruhe kommt, wird nicht mit schöpferischen Kräften die alten oder neuen Aufgaben anpacken können.

Nur in der Stille rüstet sich der Mensch,
daß er empfange, habe und gebe.
Hermann Bezzel

Kämpfe den Kampf um die Stille,
halte die Lippen im Zaum!
Anders gewinnt Gottes Wille
in deinem Herz keinen Raum.
Helmut Lamparter

Vom Segen der Stille

Die Zeit der Stille kann eine Zeit des Segens für uns werden. Gott will seinen Segen neu in unser Leben geben. Als Gesegnete kehren wir dann zurück in unseren Alltag. Ich möchte dazu einige Erfahrungen weitergeben.

In der Stille wird uns *neue Kraft für den Alltag* geschenkt. Leib und Seele erholen sich, die Nerven kommen zur Ruhe. Wir werden wieder angeschlossen an die Kraftquelle, die Gott selber ist. Wir erfahren die Wahrheit des Psalmwortes: »Wenn ich dich anrufe, so erhörst du mich und gibst meiner Seele große Kraft« (Psalm 138,3). Wir bekommen wieder Mut, uns den Anforderungen des Lebens zu stellen. Wir gehen gestärkt an unsere Aufgaben zurück.

Wir lernen in der Stille, die Dinge mit den Augen Gottes zu sehen. Wir empfangen eine *neue Perspektive*. Unsere Sicht ist oft verzerrt, und wir sind sehr kurzsichtig. Gott schenkt uns einen weiten Blick. Gerade durch die Beschäftigung mit dem Worte Gottes finden wir hinein in die Linien und Gedanken Gottes.

Wir dürfen *über den Dingen des Lebens stehen*. Das ist gar nicht einfach. Im Getümmel des Alltags werden wir so leicht von vielen Dingen vereinnahmt. Wir werden mit Menschen nicht fertig. Wir lassen uns in den Niederungen des Lebens von Strömungen mitreißen und schwimmen

einfach mit dem Strom. Wir heulen mit den Wölfen, wir reden, wie »man« redet, wir handeln, wie »man« handelt. Wer aus der Stille lebt, lernt gegen den Strom zu schwimmen. Er erhält die Kraft, über Menschen und Mächten zu stehen. Das können wir nicht aus uns selbst; aber wir erfahren, daß Christus mit in unseren Alltag geht.

Darum können wir in der Stille *Gelassenheit* lernen. Unsere Welt ist voller Durcheinander, Hektik und Nervosität. In einer Liedstrophe heißt es: »In dem rasenden Getümmel schenk uns Glaubensheiterkeit.« Das ist die Heiterkeit und Gelassenheit der Leute, die aus der Stille leben.

Zum Segen der Stille gehört auch die *Bereitschaft zum Geben*. Ich empfange einen neuen Blick für die Menschen, mit denen ich zusammenlebe oder -arbeite. Das mögen schwierige Menschen sein, vielleicht in unserer engsten Umgebung.
Die Begegnung mit Gott in den stillen Zeiten befreit uns vom egoistischen Denken und Handeln. Nicht mehr ich bin der Mittelpunkt der Welt, sondern der lebendige Gott ist die Mitte meines Lebens. Er aber weist mich an meinen Nächsten. Ich bin dazu berufen und werde in der Stille dazu befähigt, ihn zu fördern, ihm zu helfen und – wenn es sein muß – für ihn Opfer zu bringen.

In der Stille lerne ich, *mich von Gott beschenken zu lassen* und daraus zu leben. Ich erkenne, daß Gott der Schenkende ist. Ich muß nicht mehr aus dem Eigenen leben. Und Gottes Reserven gehen nie zu Ende. Immer neu darf ich meine leeren Hände hinhalten, damit er sie fülle und ich von dem Geschenkten weitergeben kann. Es ist eine große Entlastung, daß ich nicht selber produzieren muß, sondern daß

ich weitergeben darf, was ich von Gott geschenkt bekomme.

Immer neu wird uns in der Stille die *Fähigkeit zur Liebe* geschenkt. Da uns Menschen immer wieder enttäuschen, besteht die große Gefahr, daß die Liebe in uns erkaltet. Nicht umsonst werden in den Briefen des Neuen Testaments die Christen so oft zur Liebe gerufen. Hier ist offenbar – nach Meinung der Apostel – ein empfindlicher Punkt. Auch unsere Liebe kann sich verbrauchen. Sie kann müde werden. Sie kann lahm werden.
Wie leicht bricht die Frage auf: Verdient dieser Mensch es auch, daß ich mich so für ihn einsetze und mich um ihn kümmere? In der Begegnung mit Gott finden wir hinein in die Liebe, die Gott an mich verschwendet und die in Christus Gestalt angenommen hat.

Wenn ich vom Segen der Stille rede, will ich nicht vergessen, daß wir es in dieser fruchtbaren Einsamkeit lernen, *zur Ehre Gottes zu leben.* Es geht nicht um uns in dieser Welt, sondern darum, daß durch unser Leben Gott geehrt und verherrlicht werde. Es ist betrüblich, daß wir unserem Gott so oft Schande bereiten. Aber hängt das nicht auch damit zusammen, daß wir oft keine Zeit mehr haben, uns korrigieren zu lassen?
Man kann für Gott unendlich viel arbeiten und meint schließlich, ihm damit einen großen Gefallen zu tun. Wenn aber Gott nicht mehr an uns arbeiten kann – und er will es gerade in der Stille tun –, dann wird unsere Arbeit für Gott sehr schnell fragwürdig und wertlos. Vielleicht ohne daß wir es wollen, steht unsere Ehre an der ersten Stelle, und unsere Person verdeckt den lebendigen Gott. Dann aber haben wir das Thema unseres Lebens verfehlt.

Niemand empfängt einen Segen nur für sich selbst.
Friedrich von Bodelschwingh

Ebnen soll sich jede Welle,
denn mein König will sich nahn;
nur an einer stillen Stelle
legt Gott seinen Anker an.
Rudolf Kögel

Stille als erfüllte Zeit

Viele Menschen, auch törichte Christen, meinen: »Stille, das ist doch verlorene und vertane Zeit! Was könnte ich in dieser Zeit nicht alles schaffen!« Wer Stille als verlorene und vertane Zeit betrachtet, hat von ihrer Notwendigkeit, ihrem Segen und ihrem Wesen nichts verstanden. Nein – Stille ist nicht verlorene und vertane Zeit, sie ist vielmehr erfüllte Zeit. Was meine ich, wenn ich von der erfüllten Zeit spreche? Ich will es wieder an einigen Punkten verdeutlichen.

Erfüllte Zeit ist *Zeit des »Dürfens«, nicht des »Müssens«.* Da geht mir auf: Ich darf leben – ich muß nicht leben. Ich darf dienen – ich muß nicht dienen. Ich darf glauben – ich muß nicht glauben. Wie kann im alltäglichen Getriebe das »Muß« unser Leben bedrücken und vergewaltigen. Solches »Müssen« kann die Zeit zur Qual werden lassen. Das aber entdecken und leben ist Erfüllung in der Zeit: Ich muß nicht, ich darf.

Erfüllte Zeit ist *Zeit der Gnade, nicht der Forderung.* In der Stille erfahre ich immer wieder neu, daß ich aus der Gnade Gottes leben darf. »Durch Gottes Gnade bin ich, was ich bin« (1. Kor. 15,10). Gott steht vor mir nicht als der fordernde Despot. Gott steht vor mir als der schenkende Vater. Mir geht auf, daß ich ein begnadigter Sünder bin und dadurch Gottes geliebtes Kind. Ich muß also nicht als ein Getriebener durch das Leben jagen, gepeitscht von den Forderungen, die auf mich zukommen, sondern ich darf als Begnadigter durchs Leben gehen, getragen von der Liebe Gottes, der in Jesus Christus mein Vater geworden ist.

Erfüllte Zeit ist *Zeit des Reifens, nicht der Anpassung.* Es ist nicht gut, wenn wir ein Leben lang auf derselben Stufe stehenbleiben. Bei vielen Menschen verkümmert das innere Leben, und es kommt gar nicht zu einem Leben des Glaubens. Oft verödet das Gemüts- und Seelenleben eines Menschen. Der Mensch entwickelt sich geistig nicht weiter. Er reift nicht zur Persönlichkeit. Gerade in unserem Massenzeitalter ist die Gefahr groß, daß nur noch gleichgeschaltete Massenmenschen erzogen werden. Stille als erfüllte Zeit bewirkt ein Reifwerden des ganzen Menschen. Wir wachsen geistlich, aber auch geistig. Unser Gemüts- und Seelenleben wird gereinigt und vertieft, unser Wille gefestigt. Wir werden im Umgang mit Gott zu Persönlichkeiten, die es dann im alltäglichen Leben wagen, aus dem Rahmen des Üblichen zu fallen. Gibt es nicht auch heute viele Christen, die sich einfach anpassen? Es ist ja so bequem. Aber kann der mit sich selber noch zufrieden sein, der durch ständige Anpassung seine Persönlichkeit verspielt und verliert? Oder sind die Anpassungsprozesse unserer Zeit so stark und übermächtig, daß viele Menschen es gar nicht mehr merken, wie sie Gefahr laufen, zu»Massenartikeln« degradiert zu werden?

Schließlich das Wichtigste: Stille ist erfüllte Zeit, weil sie *Zeit mit Gott* sein will. Auch die Zeit mit Menschen kann erfüllte Zeit sein. Es gibt beglückende Begegnungen mit

Menschen, die unser Leben bereichern. Und doch kann keine Begegnung mit Menschen uns das geben, was die Begegnung mit dem lebendigen Gott uns schenkt.
So gehen wir aus der Begegnung mit Gott in der Stille in die Begegnung mit den Menschen.
So gehen wir aus dem Heiligtum Gottes, das wir in der Stille aufsuchen, neu auf die Kampffelder dieser Welt.
So gehen wir aus der Entspannung, die wir in der Stille erfahren dürfen, neu in die Spannungsfelder des Lebens, die keinem von uns erspart bleiben.

Verstehen – durch Stille,
wirken – aus Stille,
gewinnen – in Stille.
        Dag Hammarskjöld

Kreuz und Elende, das nimmt ein Ende;
nach Meeres Brausen und Windes Sausen
leuchtet der Sonne erwünschtes Gesicht.
Freude die Fülle und selige Stille
hab ich zu warten im himmlischen Garten;
dahin sind meine Gedanken gericht'.
        Paul Gerhardt

Bildnachweis:

Rudolf Horn: S. 6
Martin Künkler: S. 3, 22, 24, 33, 40, 56
Willi Rauch: S. 15, 42, 47
Ulrich Schaffer: Umschlag, S. 12, 17, 19, 26, 29, 35, 38, 49, 51, 54, 58, 61

Texte mit freundlicher Genehmigung der Verlage:

Seite 9: Otto Riethmüller,
Burckhardthaus-Laetare Verlag, Offenbach

Seite 40, 49: Dietrich Bonhoeffer, Widerstand und Ergebung,
Chr. Kaiser Verlag, München ³1985

Seite 52: Helmut Lamparter, Anrufe, S. 34, ²1979,
Calwer Verlag, Stuttgart

Zur Ermutigung und zur Freude –
Weitere Bücher von Kurt Heimbucher

Weil Du bei mir bist
Für Zeiten der Krankheit

48 Seiten. Durchgehend vierfarbig illustriert.
ABCteam-Geschenkband. 6. Auflage.

Daß die Tage der Krankheit auch hilfreich und ausgefüllt sein können, hat Kurt Heimbucher in eigenen Krankheitstagen erfahren. Er möchte in seinem Buch allen Kranken und Leidtragenden Trost und Hilfe zusprechen und versuchen, eine Antwort auf ihre Fragen zu geben.

Dafür will ich Dir danken

48 Seiten. Durchgehend vierfarbig illustriert.
ABCteam-Geschenkband. 4. Auflage

Die Daseinsangst hat viele Menschen überfallen.
Sie äußert sich ich manchen bedrängenden Fragen:
Wie soll ich mit dem Leben fertigwerden? – Woher nehme ich die Kraft, meine Aufgaben zu meistern?
Würden wir es wieder lernen, dankbar zu leben, dann könnte das wie eine Befreiung für uns sein. Statt der Angst könnte die Freude die bestimmende Macht unseres Lebens werden.
Wenn die Dankbarkeit also aus der Daseinsangst zur Daseinsfreude führen kann, dann lohnt es sich, über sie nachzudenken.

Ich will dich trösten
Für Zeiten der Trauer

48 Seiten. Durchgehend vierfarbig illustriert.
ABCteam-Geschenkband. 2. Auflage

Dieser Bildband möchte Menschen trösten, die in Leid und Traurigkeit sind und die sich in ihrer Lage verstanden wissen wollen. Doch der Autor bleibt hier nicht stehen. Er zeigt den Lesern in diesem Schmerz neue Perspektiven, die über oberflächliche Vertröstungen hinausweisen.

BRUNNEN VERLAG GIESSEN